CAJAS DE APRENDIZAJE

Una propuesta globalizada en el aula

Miriam Sández

A todas aquellas personas que confían en que la educación
hace del mundo un lugar más bonito y mejor:
recuerda que el mejor recurso siempre eres tú.

PRÓLOGO

La Educación es un abrazo, un refugio donde sentirse libres a través del aprendizaje. Y a través de él, se abren muchas miradas educativas para construir, explorar y emocionar desde ese punto de partida.

Para mí, la **Música** y la **Educación Musical** son ejes fundamentales para ello. Tanto, que decidí crear propio método musical llamado Batucado, un sistema de aprendizaje que nace desde la investigación, pedagogía y amor a la infancia por encima de todo.

Desde que nacemos somos seres musicales, y también seres creativos, y no se me ocurre mejor forma de emplazaros a leer este libro que desde este punto.

En las siguientes páginas, Miriam te propone un viaje útil y fascinante con atención a las metodologías innovadoras y activas de la mano de **"Las cajas de aprendizaje"**. Las cajas son una herramienta indispensable para dar la oportunidad de realizar un proceso de investigación sobre una propuesta de trabajo solvente y de calidad a través de aspectos como la creatividad, la innovación educativa y el desarrollo cognitivo.

Entender que desde la cotidianidad se encuentra la parte más humana y social de la educación es fundamental para construir modelos educativos valientes, inquietantes y originales.

Al sumergirte en el interior de este libro entenderás su objetivo: lanzar un mensaje al mundo para agitar mentes y mover corazones desde el universo de las cajas de aprendizaje. Una adaptación clara, ejemplificativa, práctica y coherente para llevarla a cabo, poniendo el foco en la infancia y sus necesidades.

"Los niños y niñas son los actores principales en el proceso de aprendizaje. La creatividad y la innovación educativa, nuestros mejores aliados".

Yvette Delhom, Creadora Método Batucado

www.batucado.com

SOBRE MÍ

MI CAMINO HACIA EL APRENDIZAJE

Meraki. Tiene su origen en el griego, y a su vez proviene del término turco "merak", el cual conlleva la idea de "realizar algo con amor y placer". En la lengua griega moderna, "meraki" se utiliza para describir actividades relacionadas con el arte y la creatividad, pero también se extiende a otras tareas que no necesariamente son consideradas "artísticas".

Si reflexionamos sobre el significado de esta palabra, encontramos una conexión intrínseca con el concepto de empoderamiento. Se refiere a la idea de que para empoderarte en tu vida y profesión, es necesario poner todo tu ser en lo que haces cotidianamente, perseverar y, en ocasiones, recurrir a la creatividad para superar obstáculos.

En el contexto educativo, esta filosofía puede transformar la manera en que abordamos la enseñanza y el aprendizaje. Cuando docentes y alumnos aplican el "meraki" en el aula, se promueve un ambiente en el que la dedicación, la pasión y el amor por el conocimiento se convierten en un motor único y poderoso.

Desde la perspectiva del docente, impregnar las sesiones educativas con "meraki" implica no solo transmitir información, sino inspirar y motivar a los alumnos a sumergirse en el proceso de aprendizaje con entusiasmo. La creatividad y el amor por la enseñanza se convierten en herramientas fundamentales para despertar la curiosidad y el deseo de explorar más allá de los límites convencionales del currículo.

Para los alumnos, adoptar el "meraki" implica comprometerse activamente con el aprendizaje, buscar conexiones y aplicar la creatividad en la resolución de problemas. Es un llamado a abrazar cada propuesta con pasión y a encontrar significado en el proceso de adquirir conocimiento.

Mi escolaridad ha estado marcada por una enseñanza tradicional, donde los métodos convencionales y la transmisión de información predominaban en el aula. Sin embargo, mi experiencia me llevó a reflexionar sobre la importancia de explorar nuevas formas de educación. La filosofía del "meraki" y la comprensión de que la creatividad, la pasión y el compromiso son esenciales para un aprendizaje significativo resonaron en mí. Al reconocer las limitaciones de la enseñanza tradicional, decidí apostar por una educación diferente, buscando un enfoque que inspirara pasión por enseñar y aprender.

Con esta convicción arraigada en mi enfoque educativo, decidí explorar nuevas metodologías que alinearan con la idea del "meraki". Fue así como me introduje en el concepto de las "cajas de aprendizaje". La elección de apostar por esta metodología representa mi compromiso con un tipo de educación que va más allá de la memorización y se adentra en la exploración activa, el pensamiento crítico y la conexión personal con el conocimiento.

Este libro es un testimonio de cómo, a través de las cajas de aprendizaje, podemos trascender los límites convencionales de la educación y convertirlo en un aprendizaje realmente significativo poniendo el alma, el corazón, la creatividad y el amor en aquello que nos gusta hacer.

¿Te quedas y seguimos aprendiendo?

UNBOUND
The Life + Art of Judith Scott

**Judith Scott:
Som iguals o diferents?**

Coneixeu a la Judith Scott? És una artista que va néixer amb síndrome de Down i va perdre l'audició de petita per una malaltia. La Judith no es va veure limitada per la seva incapacitat i va desenvolupar una activitat artística internacional.

Judith Scott

JUDITH SCOTT:
SOM IGUALS O
DIFERENTS?

MEMBRES DEL GRUP:

ÍNDICE

INTRODUCCIÓN

Nos encontramos ante una realidad educativa cambiante, la búsqueda constante de métodos pedagógicos que promuevan la curiosidad, impulsen la autonomía y fomenten la colaboración entre el alumnado se convierte en un imperativo. En este contexto, emergen las **Cajas de Aprendizaje** como una propuesta activa, innovadora y transformadora.

Cuando empecé a introducir esta propuesta en mi aula, me encontré ante un terreno poco explorado y con escasa información disponible al respecto. En muchos momentos, parecía estar navegando a ciegas, confiando en la intuición y la determinación para llevar adelante esta metodología. Las primeras etapas fueron un constante proceso de ensayo y error. Tropecé más de una vez, pero cada tropiezo fue una oportunidad para aprender y ajustar el rumbo. En medio de la incertidumbre, descubrí, desde mi propio contexto, claves fundamentales para que las cajas de aprendizaje cumplieran su propósito sin perder su esencia.

En las siguientes páginas, te embarcarás en un viaje educativo para descubrir cómo esta metodología activa fomenta la autonomía del alumnado y promueve un ambiente de aprendizaje colaborativo. Descubrirás todos los aspectos esenciales relacionados con el concepto de "caja de aprendizaje", y compartiré contigo la información fundamental para que puedas crear las tuyas propias. Además, te proporcionaré diversos ejemplos de cajas previamente elaboradas y llevadas a la práctica.

No obstante, no existe un único enfoque para utilizar esta metodología. Compartiré mis experiencias y razones que me han resultado efectivas, pero las oportunidades son prácticamente ilimitadas. No temas explorar territorios desconocidos, experimentar con nuevas ideas y dejar volar tu creatividad. La verdadera magia de esta propuesta metodológica radica en la libertad que ofrece para personalizar y moldear el aprendizaje de acuerdo con tu visión y contexto educativo. No olvides que cada error es una oportunidad de aprendizaje única, y cada desviación de la norma es un paso más hacia la innovación educativa.

Deseo que las ideas presentadas en este libro te sirvan de fuente de inspiración y te impulsen a utilizar las cajas de aprendizaje con tu alumnado.

CAPÍTULO 1

¿QUÉ SON LAS CAJAS DE APRENDIZAJE?

Con frecuencia, es común confundir los conceptos relacionados con las cajas de aprendizaje con otras metodologías activas que comparten similitudes. Esto lleva a situaciones en las que inadvertidamente pensamos que estamos utilizando cajas de aprendizaje, cuando en realidad estamos aplicando otras metodologías o combinando varias de ellas. En este capítulo me centraré en la conceptualización de la metodología y en los beneficios asociados con su implementación.

Las cajas de aprendizaje son propuestas de trabajo globalizado que ofrecen a nuestro alumnado la posibilidad de resolver retos competenciales y transversales. El aprendizaje competencial se refiere a un enfoque educativo que se centra en el desarrollo y aplicación de competencias, es decir, habilidades prácticas y conocimientos aplicables en situaciones reales y contextos diversos. El objetivo principal es que los alumnos y alumnas adquieran no solo conocimientos, sino también la capacidad de aplicarlos de manera efectiva en situaciones concretas.

En definitiva, una actividad competencial es aquella que en un futuro le servirá a nuestros alumnos y alumnas en su día a día.

Por ejemplo: imagina que deseas abordar contenidos matemáticos utilizando una ficha de problemas para repasar habilidades como el cálculo, la organización y la comprensión lectora. Sin duda, a tus alumnos y alumnas les servirá para trabajar los conceptos comentados anteriormente, pero ¿podríamos considerar esta actividad significativa?, ¿de qué manera podemos conseguir que esta actividad sea realmente competencial? Para lograrlo, empezaremos desde una situación lo más cercana a la realidad posible. Pensaremos en algo que probablemente necesitarán enfrentar en el futuro, de esta manera, incrementaremos la motivación al otorgarle un sentido real a la actividad y al mismo tiempo fomentaremos el aprendizaje significativo. Para convertir esta actividad en competencial, podríamos proponerles la organización de un viaje de fin de curso con un presupuesto preestablecido (buscar vuelos, alojamiento, calcular gastos, etc.). A través de esta actividad, no solo trabajarás los aspectos matemáticos mencionados anteriormente, sino que también activarás otras habilidades como la organización, la toma de decisiones y los procesos de investigación, todo de una manera más auténtica y significativa.

Otro ejemplo de actividad competencial podría ser trabajar una receta de cocina y elaborarla. En este caso, exploraremos cómo abordarla de manera transversal, competencial y globalizada. La globalización implica la capacidad de trabajar un contenido desde diferentes áreas de aprendizaje. El vocabulario y el texto instructivo se puede realizar en el área de Lengua, mientras que el concepto de medida se trabajará en el área de Matemáticas. Desde Educación Artística podemos diseñar una producción que tenga que ver con la receta que hemos elegido y la elaboración del plato puede realizarse en el área de Ciencias.

Transformamos esta actividad en competencial al hacerla lo más análoga posible a la vida cotidiana. ¿Qué tal si escribimos una lista con los ingredientes y nos vamos a comprar al supermercado? Si además trabajamos con un presupuesto nos tocará hacer números en Matemáticas para asegurarnos que tenemos dinero suficiente para comprar todos los ingredientes. Es decir, se trata de sacar el máximo provecho a la actividad que estemos haciendo. Te puedo garantizar que este tipo de actividades son las que quedan grabadas con mayor afecto en la memoria de nuestros alumnos y alumnas a medida que avanzan en su crecimiento.

Las cajas de aprendizaje fomentan el aprendizaje competencial a través de una secuencia didáctica significativa. El alumnado desarrollará su capacidad para resolver problemas o situaciones reales de su vida cotidiana, utilizando distintas habilidades en diferentes contextos.

Las cajas de aprendizaje responden a los principios psicopedagógicos de las metodologías activas. La metodología activa se basa en la idea de que los alumnos aprenden mejor cuando están activamente involucrados en el proceso de aprendizaje, participando en actividades significativas y relevantes que les permiten construir su comprensión y aplicar sus conocimientos en situaciones prácticas y reales.

La diferencia principal de las cajas de aprendizaje con otras metodologías activas es que las cajas se articulan alrededor de un reto que los alumnos y alumnas deben resolver por grupos cooperativos. Integrar el trabajo cooperativo en la metodología de cajas de aprendizaje no solo enriquece la experiencia de aprendizaje de los alumnos, sino que también les brinda la oportunidad de desarrollar habilidades de colaboración, comunicación y resolución de problemas que son fundamentales en los diferentes contextos.

"El fomento de la creatividad, la motivación y el aprendizaje en general debemos abordarlo desde el placer".

David Bueno

¿A QUÉ SABE LA LUNA?

17

Instrucciones

1- Tenéis que leer y realizar cada actividad para superar el reto. Cada vez que se realiza y se completa una actividad, lo apuntaréis en la Tabla de seguimiento de actividades.

2- Las actividades se tienen que hacer en orden. Podéis pasar a la siguiente cuando tengáis hecha la anterior.

3- Cuando hayáis realizado todas las actividades,

VIAJE AL ESPACIO

18

Las cajas de aprendizaje nacen con el objetivo de dar respuesta al currículo educativo actual. Afortunadamente, y aunque aún nos enfrentamos a desafíos, estamos experimentando una época de cambios significativos en el ámbito educativo. Los antiguos paradigmas que se consideraban válidos en el pasado están cediendo paso a un momento en el cual el alumno se encuentra en el centro de su aprendizaje, asumiendo el papel protagonista en sus procesos educativos y marcando su propio ritmo de trabajo. De este modo, la figura del docente pasa a un segundo plano adoptando el rol de observador y facilitador.

Las ventajas y beneficios de trabajar con esta propuesta metodológica son múltiples. Principalmente, se destaca la autonomía de trabajo. Al permitir al alumnado asumir la responsabilidad de su propio aprendizaje, se le insta a desarrollar habilidades autodidactas, lo que le será útil a lo largo de toda su vida. Posibilitar que los alumnos y alumnas sean autónomos les brindará la libertad de elegir cómo abordar las diferentes propuestas de actividades, lo que puede aumentar la motivación intrínseca e incentivar la creatividad. En consecuencia, desarrollarán el pensamiento crítico y la capacidad de aplicar el conocimiento en situaciones del mundo real.

Las cajas de aprendizaje fomentan la inclusión ya que facilitan la participación de todo el alumnado, permitiendo adaptaciones para satisfacer diversas necesidades y estilos de aprendizaje, promoviendo así un ambiente inclusivo.

La metodología permite el desarrollo de la metacognición, es decir, la conciencia y el conocimiento que los alumnos y alumnas tienen sobre sus propias estrategias de aprendizaje, la comprensión de su propio pensamiento y la capacidad para planificar, supervisar y evaluar su propio proceso de aprendizaje.

> Las cajas de aprendizaje responden a una metodología activa muy necesaria en el momento educativo actual en que nos encontramos.

CAPÍTULO 2

¿CÓMO ORGANIZAR LAS CAJAS DE APRENDIZAJE?

2.1. ¿QUÉ HACER PREVIAMENTE EN EL AULA?

Utilizar esta propuesta metodológica implica una transformación y un trabajo previo en el aula. Debes tener presente que dentro de cada caja hay mucho material e inputs y si los alumnos y alumnas no tienen claro cuál es su funcionamiento, nos podemos encontrar con que se pierda fácilmente el objetivo inicial y la esencia de la metodología.

Dedicar sesiones previas a explicar qué es una caja de aprendizaje, cómo funciona, qué contenidos nos permiten trabajar e incluso poder enseñar una caja de muestra será muy beneficioso tanto para nosotros, los maestros y maestras, como para nuestro alumnado, ya que estaremos favoreciendo un trabajo mucho más autónomo y organizado. A la vez que estaremos anticipando, un aspecto esencial que implica prepararse para hechos futuros, identificar posibles desafíos y planificar estrategias para abordarlos.

Las sesiones previas a la utilización de las cajas de aprendizaje son claves para el buen funcionamiento de estas.

Las sesiones previas de preparación se realizan la primera vez que introducimos esta metodología en el aula, no hace falta llevarlas a cabo con cada caja nueva. En estas sesiones también podrás obtener información muy valiosa por parte de nuestro alumnado, ya que tendrás la oportunidad de preguntarles qué esperan de esta propuesta de aprendizaje e incluso, investigar sobre cuáles son sus temas de interés. Esto te ayudará a crear cajas de aprendizaje que respondan a las necesidades y motivaciones reales de tus alumnos y alumnas.

Recuerda que invertir tiempo en enseñar bien una propuesta de aprendizaje, implica también darles a ellos el tiempo para aprender e interiorizar.

Aprendizaje cooperativo: más allá del trabajo en equipo

¡Enseña a tu clase a trabajar de forma cooperativa y observa los cambios que se producen!

2.2. ¿CÓMO ORGANIZAMOS AL ALUMNADO?

Para trabajar con cajas de aprendizaje es necesario tener a los alumnos y alumnas organizados en grupos, ya que la resolución del reto es la suma de un trabajo conjunto; podemos aprovechar la sesión de trabajo previo para organizar estos grupos o reutilizar grupos que ya tengamos formados de otras áreas. El día que entreguemos las cajas de aprendizaje, los grupos ya deben estar formados y agrupados debidamente en su espacio de trabajo.

El número ideal de participantes de cada grupo puede variar según varios factores, y no hay una respuesta única que se aplique a todas las situaciones. Sin embargo, para esta metodología en concreto, te recomiendo contar con grupos de cuatro o cinco integrantes como máximo. Los grupos con más de cinco participantes pueden tener dificultades de organización y los grupos de menos de cuatro personas pueden resultar un

problema a nivel de trabajo, ya que recaerá más peso en cada miembro del grupo. En cualquier caso, te sugiero tomarte un tiempo para estudiar bien la organización de los grupos y considerar cuidadosamente la realidad educativa de tu aula.

Es importante que los grupos sean heterogéneos, ya que esto permite abordar de manera efectiva la variedad de habilidades y características presentes. La colaboración entre los alumnos y alumnas con habilidades y antecedentes diversos promueve un entorno en el cual cada componente puede contribuir de manera única. La necesidad de trabajar juntos para alcanzar metas comunes, en este caso la resolución del reto, estimula la colaboración y la apreciación de la diversidad.

Finalmente, dentro de este punto me parece importante priorizar el **trabajo cooperativo versus el trabajo en equipo.** Los dos son enfoques distintos de colaboración que presentan diferencias en sus dinámicas y objetivos. La elección entre ambos depende de los objetivos específicos y del contexto educativo. En el caso de la metodología de cajas de aprendizaje, apostaremos por el aprendizaje cooperativo, ya que este enfatiza la interdependencia positiva, donde los alumnos y alumnas dependen unos de otros para alcanzar objetivos comunes, fomentando a la vez, la construcción conjunta de conocimiento. Además, el aprendizaje cooperativo está diseñado para desarrollar habilidades sociales, como la comunicación efectiva, la resolución de conflictos y la toma de decisiones en grupo. Estas habilidades son esenciales tanto en entornos educativos como en la vida cotidiana. Es importante asignar roles ya que contribuyen al desarrollo integral del alumnado al fomentar habilidades específicas y promover una colaboración más significativa.

La continuidad de los grupos, especialmente cuando se trata de grupos cooperativos, adquiere una gran relevancia. Mantenerlos en el tiempo permite que los niños y niñas interioricen las funciones de sus respectivos roles. Si quieres cambiar los grupos de trabajo, te recomiendo hacerlo de forma trimestral.

Inicialmente, es el docente quien se encarga de asignar los roles y las responsabilidades asociadas teniendo en cuenta los puntos fuertes de cada alumno y alumna. Sin embargo, después de un trimestre, pude observar que mi alumnado dialogaba y distribuía los roles de manera asertiva y respetuosa. Por lo tanto, al inicio de cada trimestre, reservaba una sesión para que ellos mismos pudieran decidir de manera autónoma qué función desempeñaría cada uno y así dar una intencionalidad a sus asignaciones.

La esencia mágica del trabajo cooperativo es que si los alumnos y alumnas quieren triunfar como equipo, animarán a sus compañeros y compañeras a hacerlo bien y se ayudarán en todo lo posible.

2.3. ¿CÓMO ORGANIZAMOS LAS CAJAS EN ESPACIO Y TIEMPO?

La organización de las cajas es clave para que su funcionamiento sea óptimo. Debes tener en cuenta que cada grupo contará con una caja diferente, ya que la idea es que las cajas roten dentro de una misma aula, por lo tanto, cada grupo debe disponer de su propia zona de trabajo donde puedan trabajar cómodamente sin interferir con otros grupos.

> Las cajas de aprendizaje tienen que rotar por los diferentes grupos de trabajo, por lo tanto, tienen que ser diferentes. Es un error que todos los grupos trabajen con la misma caja.

Una vez repartidas, los participantes se organizarán teniendo en cuenta el rol de cada uno (capitán/a, supervisor/a, secretario/a, portavoz...). Los roles facilitarán el trabajo equitativo y todos los procesos de organización, planificación y toma de decisiones.

Respecto a la temporización de cada caja, es recomendable que duren entre tres o cinco sesiones de una hora y media cada una aproximadamente. Estas sesiones contemplan la realización de las actividades y la consecución del reto, así como la evaluación individual y de grupo. Dependiendo del ritmo de trabajo del grupo, los alumnos y alumnas podrán realizar más de una actividad por sesión o por el contrario, empezar una actividad y no terminarla. La planificación de la secuencia didáctica de cada caja de aprendizaje debe ser adaptable y flexible para crear un entorno de aprendizaje dinámico, inclusivo y efectivo que atienda las diferentes necesidades del alumnado.

La secuencia didáctica se estructura en tres momentos fundamentales. Un primer momento de activación de los conocimientos previos del alumnado. Seguidamente, de un núcleo de actividades de desarrollo para alcanzar los objetivos propuestos en la caja de aprendizaje. Finalmente, diseñaremos una o diversas actividades de estructuración y aplicación donde se realizará el reto.

El antiguo Egipto

Los egipcios y las egipcias escribían con los jeroglíficos, tipo de escritura con imágenes. También escribían y paleógrafas, que son las personas que ¡Os propongo un reto! Os tenéis que convertir entender y leer los jeroglíficos abecedario y

MIEMBROS DEL GRUPO:

EL ANTIGUO EGIPTO

2.4. PAPEL DEL DOCENTE Y DEL ALUMNO

Para sacar el mayor partido a las cajas de aprendizaje, el docente deberá crear un entorno de aprendizaje adecuado y guiar el proceso. Diseñará y planificará las cajas y guiará el trabajo del alumnado interviniendo cuando se requiera motivar la participación e interacción. El docente adoptará un rol de guía para escuchar y acompañar al alumnado a través de las diferentes propuestas de actividades con el objetivo de que los niños y niñas aprendan por sí mismos; se trata de que puedan aprender a aprender y a pensar.

Sin embargo, el rol del alumno será completamente activo, adquiriendo nuevas habilidades y mejorando las que tiene, siendo realmente el protagonista de su propio aprendizaje. Podrá discurrir y razonar en búsqueda de respuestas guiadas. Además, tendrá el contacto con su grupo de iguales, lo que le permitirá desarrollar habilidades y capacidades muy importantes para su día a día, favoreciendo así, el aprendizaje real y significativo.

La clave para escoger una metodología u otra deberá basarse en la observación de los efectos producidos en el alumnado tras la realización de propuestas de actividades que inviten a la acción. Todo lo que hagas en el aula tendrá una repercusión emocional en ellos. Por este motivo, quiero destacar la importancia de crear un vínculo con nuestro alumnado. Antes de utilizar cualquier propuesta de aprendizaje, es muy importante que trabajemos este vínculo, porque hará que nos conectemos con ellos. Conseguir que confíen en nosotros, escucharlos, entenderlos y ofrecerles todo aquello que realmente necesitan es básico.

Para que una metodología tenga éxito y funcione, el foco debería centrarse más en la forma en la que interactuamos con nuestros alumnos y alumnas, que en la propia metodología.

CAPÍTULO 3

¿CÓMO SON LAS CAJAS DE APRENDIZAJE?

3.1. ¿CÓMO DEBE SER EL EXTERIOR DE LA CAJA?

En este capítulo conocerás las características esenciales que debe tener una caja de aprendizaje y los elementos fundamentales que debe contener. Es esencial recordar que, al hablar de una caja de aprendizaje propiamente dicha, se requiere utilizar exclusivamente una caja y no cualquier otro tipo de recipiente. Aunque esto pueda parecer evidente, es importante tener en cuenta que no seguir esta idea puede generar confusiones conceptuales y la metodología perdería parte de su esencia.

La elección del material para la caja es flexible (cartón, madera, plástico, entre otros), no obstante, te sugiero seleccionarla considerando la estética de tu aula y la línea pedagógica del centro educativo. Desde mi punto de vista, la calidad estética del entorno escolar es una prioridad, ya que contribuye a crear un clima más adecuado que favorece los procesos de enseñanza y aprendizaje.

Francesco Tonucci afirma que la escuela debería de facilitar un contexto y entorno rico y que los espacios y materiales deberían de ser cuidados y adecuados con el mismo criterio y amor con el que decoramos nuestra casa. Por lo tanto, la estética de la caja y de los materiales que hay en ella son muy importantes; apostar por colores neutros, materiales naturales y agradables a la vista siempre es un acierto. Una estética sencilla siempre cede el protagonismo al niño.

¿Es relevante que la caja tenga tapa? No, no es necesario que esta disponga de tapa, ya que he podido comprobar que tanto las cajas con tapa como las que carecen de ella siempre suscitan interés y curiosidad en nuestros alumnos y alumnas. Por lo tanto, la decisión de utilizar o no una tapa queda a tu elección.

Lo que sí me parece importante es que en el exterior aparezca el nombre de la caja de aprendizaje. Es recomendable que este sea innovador y creativo, evitando ser demasiado evidente. Por ejemplo, si estás trabajando el tema del espacio, evita simplemente nombrar tu caja como "El espacio". En lugar de eso, procura darle un enfoque diferente al nombre, pensando en algo que tenga un significado especial para tu grupo. Puedes optar por denominaciones que sugieran acción, como por ejemplo: ¡Viaje al espacio!, o incluso utilizar la interrogación como una herramienta retórica: ¿Viajamos al espacio?

Es fundamental que en la parte externa de la caja se incluya una etiqueta distintiva que muestre los nombres de los diversos integrantes del grupo. Una práctica que utilizo

con frecuencia consiste en colocar los nombres de los niños y niñas en pinzas de madera. De esta manera, podemos reutilizar todas las cajas, cambiando solamente las pinzas de lugar cuando las cajas roten por los diferentes grupos.

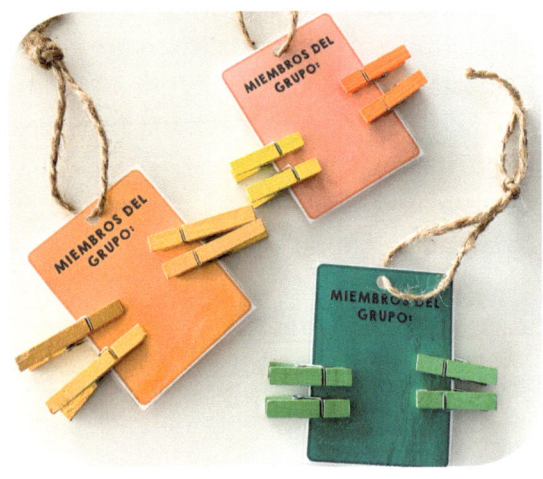

3.2. ¿QUÉ PONEMOS EN EL INTERIOR DE LA CAJA?

El interior de la caja de aprendizaje, así como su organización, son aspectos claves para su buen funcionamiento. Por eso, es muy importante que los materiales de dentro de la caja estén bien organizados para fomentar la autonomía en nuestro alumnado y evitar la percepción de desorden o caos.

Es esencial descubrir un método de organización que sea efectivo y adecuado a la edad con la que estás trabajando. Te sugiero algunas ideas para organizar los materiales de dentro de la caja. Puedes utilizar sobres o carpetas numeradas, o incluso utilizar pegatinas de colores para categorizar las diversas actividades. Otra alternativa sería utilizar bolsas de tela, cada una identificada con una etiqueta que lleve el nombre de la actividad. De este modo, el alumnado podrá seguir fácilmente un orden de realización.

Para fomentar el trabajo autónomo, es importante que dentro de la caja incluyas todo el material necesario para realizar las actividades propuestas. Si estas requieren diversos materiales, es recomendable renovarlos en cada sesión. Para aquellas actividades que necesiten el uso de un dispositivo electrónico, como un ordenador o una tableta, te recomiendo agregar un mensaje en la actividad dirigido a los alumnos y alumnas. Por ejemplo, podrías incluir: "pide a tu maestro o maestra el dispositivo necesario para llevar a cabo esta actividad".

A continuación, describiré todos los elementos que deben estar presentes en una caja de aprendizaje correctamente elaborada:

1. **Reto**: todas las cajas de aprendizaje parten de retos competenciales. Es importante que este sea motivador y despierte la curiosidad del alumnado. Se plantea al inicio de la caja y es lo primero que deberán leer cuando la abran. El reto se conseguirá después de la consecución de las distintas actividades que deberán estar conectadas entre ellas.

2. **Objetivos:** se leerán después del reto y tienen que ser realistas y adaptados a la edad del alumnado. A través de los objetivos, los alumnos y alumnas conocerán qué contenidos van a trabajar y qué se les va a evaluar. Teniendo en cuenta la temporización de la caja, te sugiero establecer entre dos y cuatro objetivos. Esta medida garantizará que los alumnos tengan la capacidad de alcanzar dichas metas.

3. **Instrucciones:** estas deben ser claras y sencillas. Es muy importante que cuidemos mucho el redactado utilizando frases simples y bien estructuradas para fomentar la autonomía de los alumnos y alumnas. Para mejorar la comprensión, se puede resaltar los verbos en negrita o con otro color. En etapas más tempranas, como en educación infantil, se pueden utilizar imágenes o pictogramas para facilitar una comprensión más clara.

4. **Actividades**: deben estar muy bien explicadas, ser claras, concisas y adaptadas a la edad del alumnado. Puedes incluir actividades que giren en torno a contenidos de repaso para poder consolidarlos, introducir nuevos saberes o incluso hacer una mezcla de ellos. Incluir una actividad de ampliación es crucial, ya que cada grupo tendrá un ritmo de trabajo distinto y único. Contar con esta variedad de actividades te permitirá equiparar los tiempos, permitiendo la rotación eficiente de las cajas.

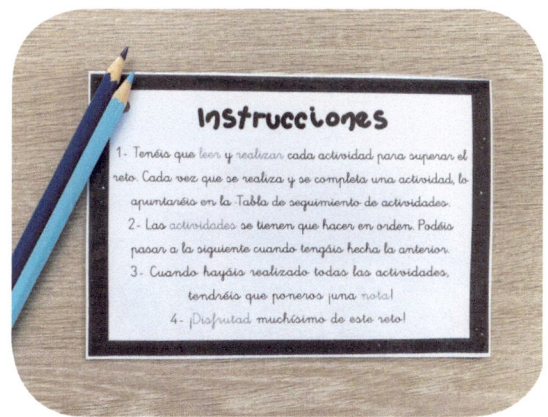

5. **Registro de actividades y evaluación:** les servirá para ir marcando las actividades a medida que las van completando y les ayudará en su organización. Dentro de la evaluación distinguiremos la **autoevaluación** donde cada miembro del grupo se evalúa de forma individual y la **coevaluación** que les permite evaluarse como grupo.

diana autoevaluación y coevaluación

1 2 3 4

Proponer

Respeto

1 2 3

37

CAPÍTULO 4

¿CÓMO ADAPTAR LAS CAJAS DE APRENDIZAJE?

En este capítulo te enseñaré las adaptaciones necesarias para que la metodología sea realmente inclusiva y pueda dar respuesta a las necesidades específicas de alumnos y alumnas con NEAE/NESE. También conocerás cómo adaptar las cajas de aprendizaje cuando el contexto no permita la aplicación convencional de la metodología, como en el caso de no poder organizar grupos cooperativos.

Antes de continuar, es necesario aclarar que hay nomenclaturas específicas referentes al alumnado con necesidades educativas especiales que según la ley educativa vigente o la comunidad autónoma donde nos encontremos pueden variar. En el libro se utilizarán dos en concreto: las NESE (Necesidades Específicas de Soporte Educativo, término utilizado en Cataluña) y las NEAE (Necesidades Específicas de Apoyo Educativo, término que se utiliza en las demás comunidades). Ambas hacen referencia a aquellas necesidades específicas que requieren algunas personas debido a sus características personales derivadas de determinados diagnósticos. Estos niños y niñas presentan ritmos de aprendizaje diferentes al resto y por consecuencia, requerirán adaptaciones.

Es importante recordar que la inclusión y la atención a la diversidad en las aulas y en la educación son fundamentales para crear un ambiente equitativo, donde todos los alumnos, independientemente de sus características individuales, tengan las mismas oportunidades de aprendizaje. Al fomentar la convivencia con la diversidad, se promueven valores esenciales como la empatía, el respeto y la aceptación de las diferencias, lo que contribuye al crecimiento personal y social. Por esta razón, la diversidad en las aulas enriquece el proceso educativo al aportar una variedad de perspectivas y experiencias.

"La belleza del universo no es solo la unidad de la variedad, sino también la diversidad en la unidad".

Umberto Eco

Sí,
las diferencias
nos enriquecen.

La adaptación de las cajas de aprendizaje puede beneficiarse del diseño universal del aprendizaje (DUA). El DUA es un enfoque pedagógico que busca hacer que la educación sea accesible para todos los alumnos, independientemente de sus habilidades, necesidades o características individuales. Cuando se aplican los principios del DUA al diseño de cajas de aprendizaje, se busca adaptar el contenido y las actividades para que sean accesibles para un grupo diverso.

Para asegurar un buen funcionamiento de la metodología atendiendo a la diversidad, es esencial tener una preparación y organización previa, evitando la improvisación. La anticipación desempeña un papel crucial en este proceso.

Se recomienda diseñar actividades multinivel para atender las necesidades educativas de todo el alumnado. Esta tipología de actividades implica organizar actividades progresivas con el fin de alcanzar un nivel específico de aprendizaje. De esta manera, los alumnos avanzan a través de una serie de niveles cognitivos, comenzando con tareas simples que, una vez dominadas, se van volviendo gradualmente más desafiantes hasta alcanzar el nivel más alto. Estas actividades se basan en el marco conceptual propuesto por Bloom y Anderson. Ambos autores sostienen que las habilidades mentales que los alumnos emplean al aprender y dominar nuevos saberes pueden ser categorizadas en seis niveles, que van desde los más simples hasta los más complejos.

También es importante considerar la tipografía utilizada en la caja. Si en tu aula tienes alumnado con dificultades específicas de aprendizaje en lectura (dislexia) utilizarás tipografías más adecuadas que faciliten la lectura como: Helvetica, Courier, Arial, Verdana, Computer Modern Unicode. La información la presentarás en texto instructivo haciendo uso de frases más cortas y estructuras gramaticales más sencillas. También puedes incorporar imágenes descriptivas que ayuden a contextualizar la información. Estas adaptaciones son medidas universales que permitirán flexibilizar el contexto de aprendizaje y proporcionar estrategias para minimizar las barreras de acceso garantizando el aprendizaje significativo. En consecuencia, todos los grupos cooperativos se beneficiarán de ellas.

Es posible encontrarnos con una realidad educativa distinta, lo que puede requerir ajustes en nuestra forma de abordar la metodología. Aunque siempre es preferible el enfoque cooperativo para trabajar con las cajas, esta modalidad no siempre es factible, y puede ser necesario emplearlas para el aprendizaje individual. De este modo, esta metodología también puede ser efectiva para sesiones individuales, intervenciones educativas, actividades de enriquecimiento en casos de alumnos identificados con altas capacidades u otros similares. Sin embargo, pienso que aplicar las cajas de manera individual dentro de una aula con más alumnos y alumnas genera brechas y diferencias entre ellos y ellas.

Si utilizamos las cajas de manera individual, es esencial considerar diversos aspectos. En primer lugar, la temporización, en función del caso y del tiempo de que dispongamos la persona puede tardar más o menos en elaborar las distintas tareas. Si se trata por ejemplo de una reeducación de una dislexia y la caja se realiza en sesiones de una hora, puede ser que necesitemos alguna sesión extra, ya que la persona tendrá que afrontar de manera individual un mayor volumen de trabajo. Además, es fundamental asegurarnos de seleccionar la caja adecuada. Optar por una que resulte demasiado desafiante podría desmotivar fácilmente al alumno y llevarlo a desconectarse. Por otro lado, si se trata de alumnos con altas capacidades, es importante adaptar la caja a su nivel para que represente un verdadero desafío y les resulte estimulante.

Otra opción que podemos tener en cuenta es trabajar de manera internivel, mezclando cursos. Por ejemplo, podemos hacer grupos mezclando los alumnos y alumnas de un mismo curso, ciclo o incluso comunidades educativas.

Una vez que hayas adquirido experiencia trabajando con cajas de aprendizaje, te sugiero que permitas a los propios alumnos ser quienes diseñen y creen sus propias cajas. Puedes empezar con alumnos y alumnas de ciclo superior o educación secundaria y pueden diseñar cajas para sus etapas o incluso para etapas inferiores, de manera que la realización de estas cajas podrían incluirse en algún proyecto de aula o de centro. Como puedes observar, las posibilidades siempre son infinitas, no hay una única forma de trabajar y siempre debemos tener en cuenta nuestro contexto para elegir la mejor manera de aprovechar los beneficios de la metodología.

CAPÍTULO 5

¿CÓMO EVALUAR LAS CAJAS DE APRENDIZAJE?

EL PROCESO IMPORTA

Evaluar es importante porque nos permite regular el aprendizaje y detectar las posibles dificultades que puedan encontrar nuestros alumnos para aprender y, a partir de ahí, ayudarles a resolverlas.

La LOMLOE se fundamenta en las competencias, las cuales influyen en todos los aspectos de esta legislación renovada. Este proceso se inicia con el perfil de salida del alumno, que define estas competencias y sus descripciones operativas. Las competencias esenciales están vinculadas con competencias específicas de cada área, y también incluyen los saberes básicos. Por este motivo, se dará importancia al modelo de **evaluación competencial.**

Si queremos llevar a cabo una evaluación óptima de las cajas de aprendizaje, hay que integrar diferentes métodos de evaluación:

1. **Evaluación diagnóstica:** se utiliza al comienzo del proceso de aprendizaje para identificar las habilidades, conocimientos y necesidades del alumnado.

2. **Evaluación formativa:** se realiza de manera continua durante el proceso de aprendizaje con el objetivo de proporcionar retroalimentación a los alumnos y docentes con el fin de mejorar.

3. **Evaluación sumativa:** se lleva a cabo al final de la caja de aprendizaje con la realización del reto.

4. **Autoevaluación y coevaluación:** implican que los propios alumnos evalúen su propio trabajo (autoevaluación) o que se evalúen entre sí (coevaluación), lo que promueve la autorreflexión, la responsabilidad y la colaboración entre iguales.

Para realizar una evaluación de calidad, se utilizarán diferentes instrumentos de evaluación:

1. Rúbricas: son documentos o instrumentos que nos permiten evaluar y valorar el nivel de rendimiento en una determinada tarea. Es importante que las rúbricas se ajusten a lo que queremos trabajar. Por tanto, será necesario buscar un modelo que se adapte a la actividad que hemos diseñado. Las rúbricas siempre son una gran opción, ya que además, permitirán a nuestros alumnos y alumnas conocer qué les pedimos en cada actividad, factor muy importante para que se hagan una idea de lo qué valoraremos. Si están bien diseñadas son instrumentos muy potentes y visuales que hacen más fácil la tarea de evaluar.

COEVALUACIÓN TRABAJO COOPERATIVO	NIVEL 1	NIVEL 2	NIVEL 3	NIVEL 4
ACTITUD HACIA EL TRABAJO COOPERATIVO	Prefiere trabajar solo/a.	Colabora con el grupo si el maestro/a se lo dice.	Colabora con el grupo cuando le gusta lo que hacen.	Colabora con el grupo con actitud positiva.
RESPONSABILIDAD EN EL TRABAJO	Le cuesta hacerse responsable de las tareas asignadas.	Es responsable en algunas tareas, pero no cumple el rol que se le ha asignado.	Cumple su rol si se lo dices. El trabajo lo hace bien.	Cumple su rol de forma autónoma y es muy responsable en el trabajo.
RESPETO HACIA LOS COMPAÑEROS/AS	Le cuesta respetar las aportaciones/ideas de los/las demás.	Respeta las aportaciones de los/las demás solo si le gustan.	Respeta algunas aportaciones pero no genera debate.	Respeta las aportaciones de los/las demás y ayuda a llegar al consenso.
DEMANDA DE AYUDA	Prefiere no pedir ayuda aunque no sepa realizar la actividad.	Le cuesta pedir ayuda, pero la acepta si se le ofrece.	Pide ayuda cuando lo necesita.	Pide ayuda cuando lo necesita y ayuda al grupo.

2. Conversaciones: es recomendable mantener conversaciones con el alumnado para poder plantear cuestiones e interrogantes que nos permitirán ayudarles a desarrollar su pensamiento crítico y reflexivo. Además, podremos valorar en qué punto exacto del aprendizaje se encuentran nuestros alumnos y alumnas.

3. Recoger evidencias: consiste en valorar las propias actividades de la caja. El hecho de supervisar y corregir la mayor parte de las tareas propuestas contará como un ítem más a tener en cuenta. Por este motivo, es importante plantear actividades individuales y de grupo para recoger las evidencias. Es recomendable que cada grupo disponga de una tabla de seguimiento de actividades.

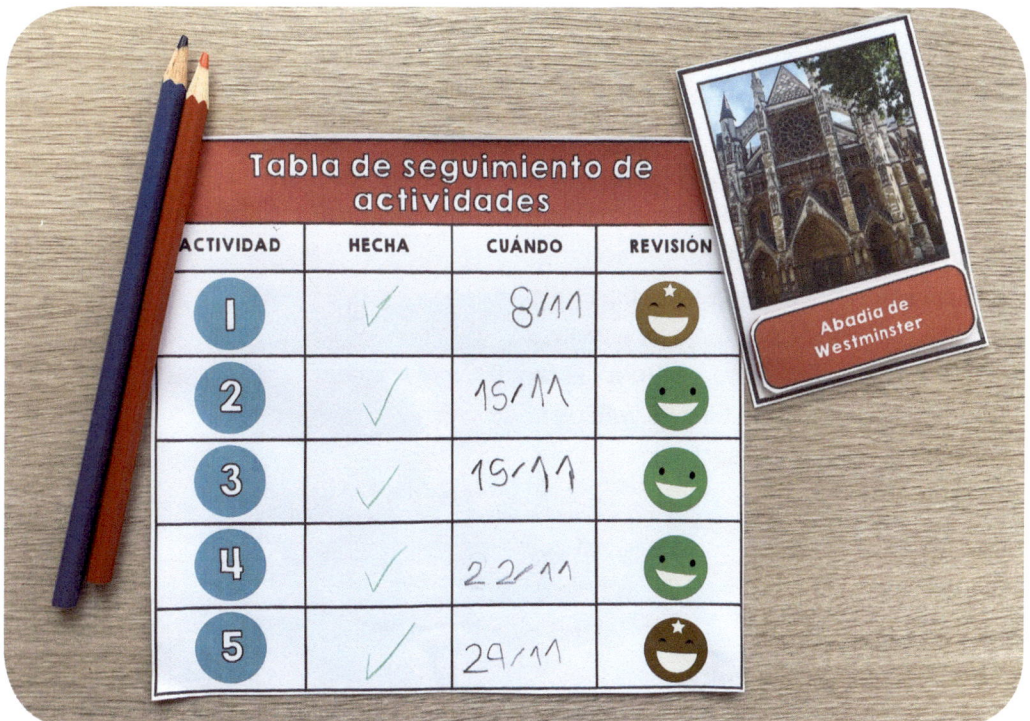

4. Observación sistemática: para la realización de la observación a nuestro alumnado se puede disponer de un diario de aula donde se apuntará todo aquello que consideremos de interés, como por ejemplo: de qué manera se han organizado, si están tomando decisiones que les permiten avanzar en grupo, si realizan de forma correcta los roles del trabajo cooperativo, la gestión que están realizando del tiempo, a qué ritmo avanza cada grupo... estas anotaciones ayudarán a perfilar la evaluación y la harán más cualitativa.

5. Documentación pedagógica: esta hace referencia a todos aquellos documentos donde se van plasmando las diferentes acciones educativas que nos servirán para reflexionar, pensar qué cosas podemos mejorar e incluso trasladar aquello que hemos hecho a las familias ya sea a través de un blog, la web de la escuela o incluso las redes sociales.

6. Evaluación figuroanalógica: es un procedimiento mediante el cual se utilizan figuras, imágenes y representaciones.

7. Dianas de autoevaluación y coevaluación: se trata de un sistema de evaluación visual en el que se dibuja una diana con círculos concéntricos que varían su tamaño. Así, cuanta más superficie tenga color, mayor es el éxito obtenido. Mediante esta representación gráfica es fácil observar y comparar los resultados. Los alumnos y alumnas al ser partícipes de su propia evaluación se genera un entorno en el que la función de la evaluación es formadora, no formativa.

COEVALUACIÓN

...ENTES DEL EQUIPO:

1 SOPHIA
2 MARC
3 JULIA
4 MARIA

Proponer ideas

Trabajo individual

Respeto

Roles

1 2 3 4

● NADA   ● A MEJORAR   ● BASTANTE BIEN   ● ¡SUPER!

49

CAPÍTULO 6

MIS CAJAS DE APRENDIZAJE

PROPUESTAS PRÁCTICAS Y REALES

En las siguientes páginas encontrarás nada más y nada menos que diez cajas de aprendizaje ya diseñadas con sus correspondientes materiales y guías didácticas.

Estas cajas corresponden a las distintas etapas de educación infantil y educación primaria. La idea es que te ayuden a encontrar la inspiración y te resulte más fácil crear tus propias cajas, ya que dispondrás de estas como ejemplo. La organización de un viaje de fin de curso, pasando por la creación de unos divertidos crecepelos para el huerto, una misión en el espacio o una receta muy especial, son algunos de los ejemplos que podrás encontrar para utilizarlos con tu alumnado

Te recomiendo leer con mucha atención las guías didácticas donde te detallo los aspectos claves de cada caja. Además, te facilito un código QR en cada una de ellas para que puedas acceder al material de descarga disponible en catalán y castellano. Solo tienes que escoger aquellas cajas de aprendizaje que te gusten más, imprimir, recortar y plastificar los materiales y meterlos en tus mejores cajas. ¿Práctico, verdad? Te advierto que quizás no te puedas resistir y las acabes utilizando todas.

Es recomendable tener una mirada abierta y ver los contenidos de todas las cajas propuestas, ya que todo se puede adaptar a tu realidad educativa. ¡Buen viaje y aprendizaje!

INSTRUCCIONES

MUSIC

¡A RITMO!

MIEMBROS DEL GRUPO:

Caja de Aprendizaje: ¡A ritmo!
(Etapa: Educación Infantil)

¡Mirad cuántos instrumentos!
¿Estáis preparados y
preparadas para descubrir
el ritmo con estos
instrumentos?

La caja **"¡A ritmo!"** está pensada para realizarla en Educación Infantil. Los niños y las niñas aprenderán qué es el ritmo y la pulsación a través de diferentes instrumentos de percusión.

El interior de la caja de aprendizaje

Los materiales tienen que quedar bien organizados dentro de la caja. Pondremos todo el material necesario para hacer las actividades. Si ves que hay mucho material, te recomiendo ir cambiándolo en función de lo que los alumnos y alumnas vayan necesitando. También puedes incorporar material complementario que esté relacionado con el contenido.

Las instrucciones y los objetivos de aprendizaje

Las instrucciones (cómo lo haremos) y los objetivos de aprendizaje (qué aprenderemos) podemos ponerlos en un sobre cerrado o bien en una carpeta de color. Explicaremos al alumnado que lo primero que tienen que abrir cuando reciben una caja de aprendizaje es el sobre o la carpeta de color. Recuerda que la caja contiene muchos materiales atrayentes para los niños y niñas y fácilmente querrán manipularlos nada más coger la caja.

El reto de la caja de aprendizaje

El reto es el elemento diferenciador de esta propuesta de aprendizaje. En esta caja, se trabajará el siguiente reto: **conocer diferentes instrumentos de percusión y marcar el ritmo y la pulsación de diferentes melodías.**

Las actividades

1. Pintamos con música

En esta actividad los alumnos y alumnas escucharán música de forma individual y pintarán al ritmo de lo que suene. Después, enseñarán a sus compañeros y compañeras de grupo sus producciones.

2. Tú pones el ritmo

Un componente del grupo cogerá la caja china y marcará un ritmo. Los demás compañeros y compañeras tendrán que reproducir el ritmo con palmas. Todos y todas tendrán que marcar el ritmo al menos una vez.

3. El reloj sincopado

En esa actividad tendrán que escuchar "El reloj sincopado" de Leroy Anderson y tendrán que seguir el ritmo con la caja china. Con los huevos musicales, reproducirán el sonido de la alarma.

4. ¡Bailamos!

En esa última actividad tendrán que realizar el reto. Utilizarán todos los instrumentos disponibles en la caja de aprendizaje y tendrán que inventar ritmos y ¡bailar!

Registro de actividades

Es muy importante que el alumnado vaya cogiendo el hábito de hacer un registro de aquellas actividades que van realizando de la caja de aprendizaje. Por ello, te propongo usar la tabla de registro de actividades.

Autoevaluación por parte del alumnado

En educación infantil te propongo realizar una evaluación figuroanalógica, un instrumento que promueve el desarrollo de habilidades sociales, emocionales y cognitivas fundamentales para que el alumnado se evalúe como grupo.

Los alumnos y alumnas se tendrán que poner de acuerdo y marcar aquellas imágenes con las que se identifican.

Puedes plastificar la imagen y utilizar rotuladores de pizarra, de esta forma, reutilizarás el material.

Escanea el QR y descárgate todos los materiales y la Guía Didáctica de esta caja.

¡VAMOS A COCINAR!

¿ Os gustaría ser cocineros y c...
por un día...
Preparados y prepara...
conv...

¡VAMOS A COCINAR!

MIEMBROS DEL GRUPO:

Caja de Aprendizaje: ¡Vamos a cocinar!
(Etapa: Educación Infantil)

> ¿Os gustaría ser cocineros y cocineras por un día? Preparados y preparadas porque os vais a convertir en ¡superchefs!

La caja **"¡Cocinamos!"** está pensada para realizarla en Educación Infantil. Los niños y las niñas aprenderán cómo hacer una receta y una lista de la compra. También cocinarán una receta.

El interior de la caja de aprendizaje

Los materiales tienen que quedar bien organizados dentro de la caja. Pondremos todo el material necesario para hacer las actividades. Si ves que hay mucho material, te recomiendo ir cambiándolo en función de lo que los alumnos y alumnas vayan necesitando. También puedes incorporar material complementario que esté relacionado con el contenido.

Las instrucciones y los objetivos de aprendizaje

Las instrucciones (cómo lo haremos) y los objetivos de aprendizaje (qué aprenderemos) podemos ponerlos en un sobre cerrado o bien en una carpeta de color. Explicaremos al alumnado que lo primero que tienen que abrir cuando reciben una caja de aprendizaje es el sobre o la carpeta de color. Recuerda que la caja contiene muchos materiales atrayentes para los niños y niñas y fácilmente querrán manipularlos nada más coger la caja.

El reto de la caja de aprendizaje

El reto es el elemento diferenciador de esta propuesta de aprendizaje. En esta caja se trabajará el siguiente reto: **hacer una receta de cocina.**

Las actividades

1. Las recetas

En esta actividad, los alumnos y alumnas mirarán diferentes libros de recetas de cocina que estarán dentro de la caja. Después, se fijarán en las partes más importantes de una receta: título, ingredientes, utensilios y elaboración.

2. Los utensilios

A través de diferentes tarjetas de vocabulario, practicarán la escritura. Con estas tarjetas, los niños y niñas aprenderán los nombres de los utensilios más representativos a la hora de hacer una receta.

3. La lista de la compra

En esa actividad tendrán que ponerse de acuerdo y elegir una receta. Después, escribirán los ingredientes necesarios para realizarla. También los podrán dibujar.

4. ¡Cocinamos!

En esa última actividad, tendrán que realizar el reto. Realizarán una receta que les facilitará el o la docente. En este caso, realizarán brochetas de fruta. Los niños y las niñas tendrán que seguir el paso a paso para poder tener la receta lista para comer. ¡Qué aproveche!

Registro de actividades

Es muy importante que el alumnado vaya cogiendo el hábito de hacer un registro de aquellas actividades que van realizando de la caja de aprendizaje. Por ello, te propongo usar la tabla de registro de actividades.

Autoevaluación por parte del alumnado

En educación infantil te propongo realizar una evaluación figuroanalógica, un instrumento que promueve el desarrollo de habilidades sociales, emocionales y cognitivas fundamentales para que el alumnado se evalúe como grupo.

Los alumnos y alumnas se tendrán que poner de acuerdo y marcar aquellas imágenes con las que se identifican.

Puedes plastificar la imagen y utilizar rotuladores de pizarra, de esta forma, reutilizarás el material.

Escanea el QR y descárgate todos los materiales y la Guía Didáctica de esta caja.

CUCHARA

cuchara

cuchara

CUCHARA

El color rojo es el color del AMOR.
¿Cuántas palabras bonitas sabéis?
Utilizad esta caja para jugar ...
aprender mu...

EL COLOR ROJO

Lee
... QUIERO

...A DE ACTIVIDADES

MAESTRO/A

EL COLOR ROJO

MIEMBROS DEL GRUPO:

Caja de Aprendizaje: El color rojo
(Etapa: Educación Infantil)

El color rojo es el color del AMOR. ¿Cuántas palabras bonitas sabéis? Utilizad esta caja para jugar y ¡aprender mucho!

La caja **"El color rojo"** está pensada para realizarla en Educación Infantil. Los niños y las niñas aprenderán a identificar todos aquellos objetos de color rojo. Además, se relaciona con el color del "amor" y aprenderán a escribir palabras bonitas para crear un rincón de aula.

El interior de la caja de aprendizaje

Los materiales tienen que quedar bien organizados dentro de la caja. Pondremos todo el material necesario para hacer las actividades. Si ves que hay mucho material, te recomiendo ir cambiándolo en función de lo que los alumnos y alumnas vayan necesitando. También puedes incorporar material complementario que esté relacionado con el contenido.

Las instrucciones y los objetivos de aprendizaje

Las instrucciones (cómo lo haremos) y los objetivos de aprendizaje (qué aprenderemos) podemos ponerlos en un sobre cerrado o bien en una carpeta de color. Explicaremos al alumnado que lo primero que tienen que abrir cuando reciben una caja de aprendizaje es el sobre o la carpeta de color. Recuerda que la caja contiene muchos materiales atrayentes para los niños y niñas y fácilmente querrán manipularlos nada más coger la caja.

El reto de la caja de aprendizaje

El reto es el elemento diferenciador de esta propuesta de aprendizaje. En esta caja, se trabajará el siguiente reto: **escribir un mensaje bonito en un corazón rojo.**

Las actividades

1. El color rojo

En esta actividad los niños y niñas manipularán el color rojo a partir de diferentes provocaciones de materiales. Te recomiendo poner poco material y de calidad para que así lo puedan investigar al máximo.

2. El rincón de las palabras bonitas

A través de diferentes tarjetas de vocabulario, practicarán la escritura. Los niños y niñas escribirán palabras bonitas y después se podrán inventar sus propias palabras. Con la escritura de estas, se creará en el aula el rincón de las palabras bonitas.

3. Mensajes bonitos

En esa última actividad realizarán el reto. Los alumnos y alumnas tendrán que decorar un corazón con papeles de color rojo. Después, escribirán un mensaje bonito. Lo podrán regalar a quien quieran.

Registro de actividades

Es muy importante que el alumnado vaya cogiendo el hábito de hacer un registro de aquellas actividades que van realizando de la caja de aprendizaje. Por ello, te propongo usar la tabla de registro de actividades.

Autoevaluación por parte del alumnado

En educación infantil te propongo realizar una evaluación figuroanalógica, un instrumento que promueve el desarrollo de habilidades sociales, emocionales y cognitivas fundamentales para que el alumnado se evalúe como grupo.

Los alumnos y alumnas se tendrán que poner de acuerdo y marcar aquellas imágenes con las que se identifican.

Puedes plastificar la imagen y utilizar rotuladores de pizarra, de esta forma, reutilizarás el material.

Escanea el QR y descárgate todos los materiales y la Guía Didáctica de esta caja.

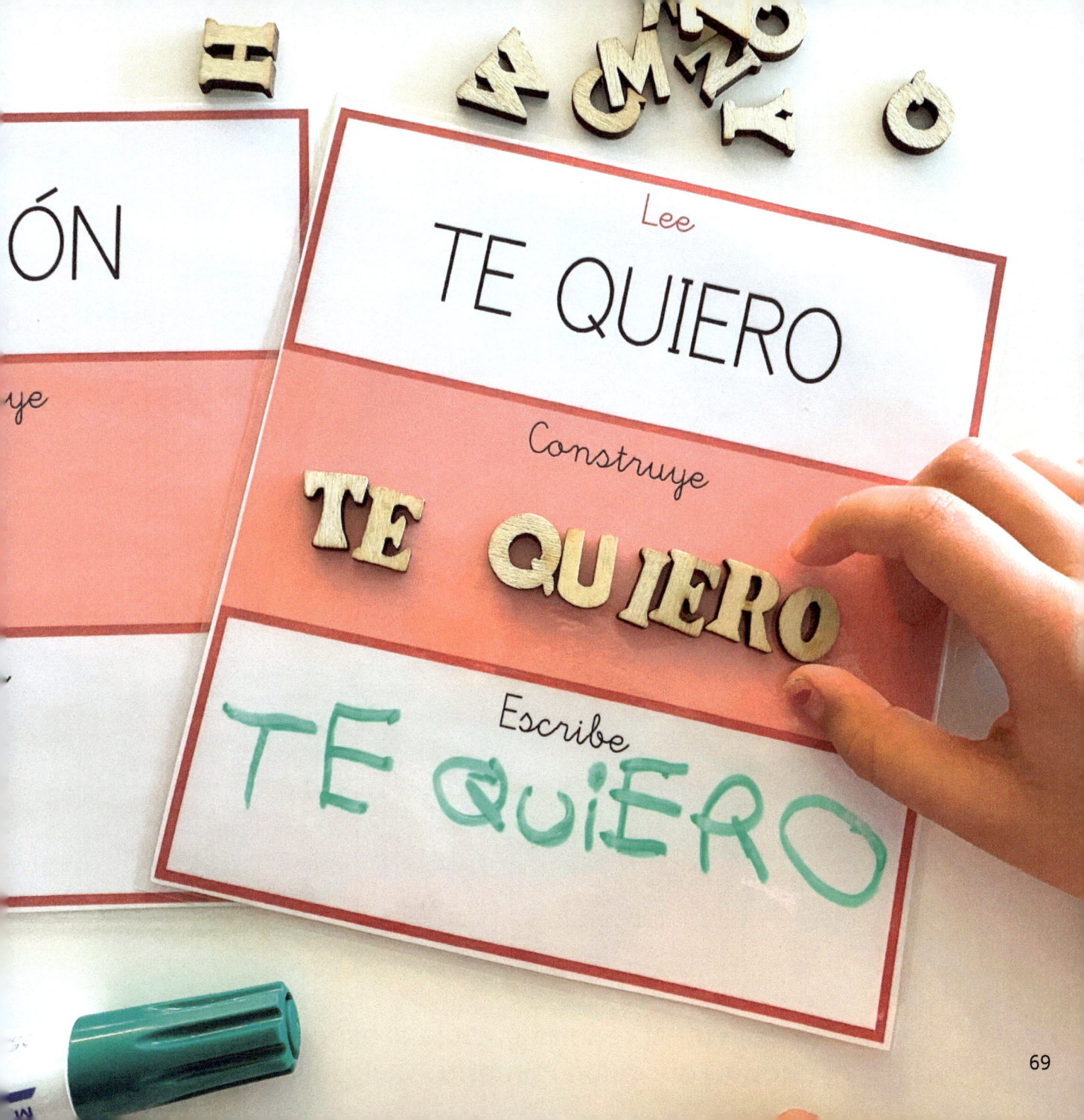

Lee

TE QUIERO

Construye

TE QUIERO

Escribe

TE QUIERO

ÓN

Caja de Aprendizaje: Viaje al espacio
(Etapa: Educación Primaria · Ciclo Inicial)

Los astrónomos y las astrónomas se encargan de estudiar el Universo. ¿Estáis preparados y preparadas para descubrir sus curiosidades?

La caja **"Viaje al espacio"** está pensada para realizarla en Educación Primaria (Ciclo Inicial). Los niños y las niñas aprenderán las características principales de nuestro Sistema Solar.

Los materiales tienen que quedar bien organizados dentro de la caja. Pondremos todo el material necesario para hacer las actividades. Si ves que hay mucho material, te recomiendo ir cambiándolo en función de lo que los alumnos y alumnas vayan necesitando. También puedes incorporar material complementario que esté relacionado con el contenido.

Las instrucciones y los objetivos de aprendizaje

Las instrucciones (cómo lo haremos) y los objetivos de aprendizaje (qué aprenderemos) podemos ponerlos en un sobre cerrado o bien en una carpeta de color. Explicaremos al alumnado que lo primero que tienen que abrir cuando reciben una caja de aprendizaje es el sobre o la carpeta de color. Recuerda que la caja contiene muchos materiales atrayentes para los niños y niñas y fácilmente querrán manipularlos nada más coger la caja.

El reto de la caja de aprendizaje

El reto es el elemento diferenciador de esta propuesta de aprendizaje. En esta caja se trabajará el siguiente reto: **realizar una maqueta del Sistema Solar.**

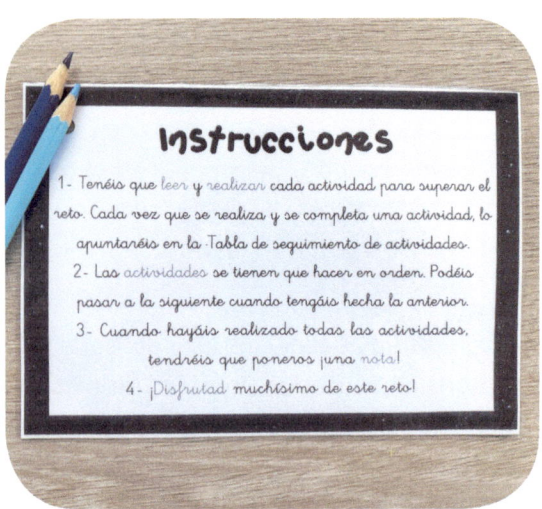

Las actividades

1. Los planetas

En esta actividad conocerán los planetas del Sistema Solar a través de unas cartas de vocabulario. Realizarán un puzzle para ordenarlos y elaborarán una corona del Sistema Solar.

2. El Sol

El Sol es una estrella. Se encuentra en el centro del Sistema Solar y todos los planetas giran alrededor de él. A partir de esta definición, los niños y niñas tendrán que construir un móvil para descubrir cómo gira la Tierra alrededor de su estrella y ver cómo funciona la Luna.

3. La Luna

En esta actividad, los alumnos y alumnas aprenderán que la Luna es el satélite de nuestro planeta y que tiene varias fases. A partir de las tarjetas de vocabulario construirán una simulación de las fases lunares.

4. ¡La maqueta!

Para finalizar la caja de aprendizaje y superar el reto, el alumnado tendrá que realizar una maqueta del Sistema Solar con diferentes materiales.

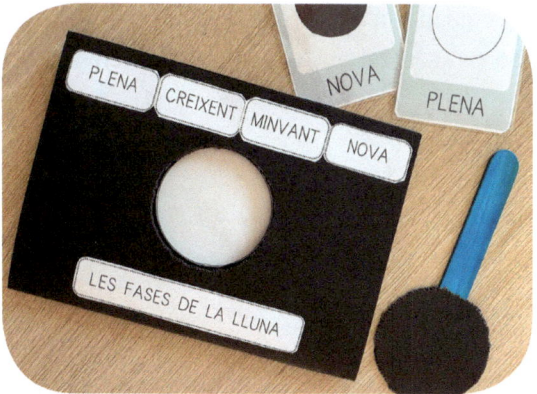

Es muy importante que el alumnado vaya cogiendo el hábito de hacer un registro de aquellas actividades que van realizando de la caja de aprendizaje. Por ello, te propongo usar la tabla de registro de actividades.

Cuando finalicen una actividad, la marcarán en la tabla con alguna marca identificativa.

El o la docente tendrá que poner una marca identificativa cuando haya revisado que han realizado y finalizado la actividad. Puedes poner un sello, una estrella, etc. ¡Lo que te apetezca!

Escanea el QR y descárgate todos los materiales y la Guía Didáctica de esta caja.

¡viajamos por nuestro cuerpo!

¿Cómo nos mantenemos de pie? ¿Qué partes de mi cuerpo puedo hacer más fuertes y de qué fo... ¿Qué son los músculos? Con esta caja os vais a co... d...oras y vais a i...

VIAJAMOS POR NUESTRO CUERPO

MIEMBROS DEL GRUPO:

Caja de Aprendizaje: Viajamos por nuestro cuerpo
(Etapa: Educación Primaria · Ciclo Inicial)

La caja **"Viajamos por nuestro cuerpo"** está pensada para realizarla en Educación Primaria (Ciclo Inicial). Los niños y las niñas aprenderán cuáles son las principales partes del cuerpo humano, nuestro esqueleto y los músculos.

El interior de la caja de aprendizaje

Los materiales tienen que quedar bien organizados dentro de la caja. Pondremos todo el material necesario para hacer las actividades. Si ves que hay mucho material, te recomiendo ir cambiándolo en función de lo que los alumnos y alumnas vayan necesitando. También puedes incorporar material complementario que esté relacionado con el contenido.

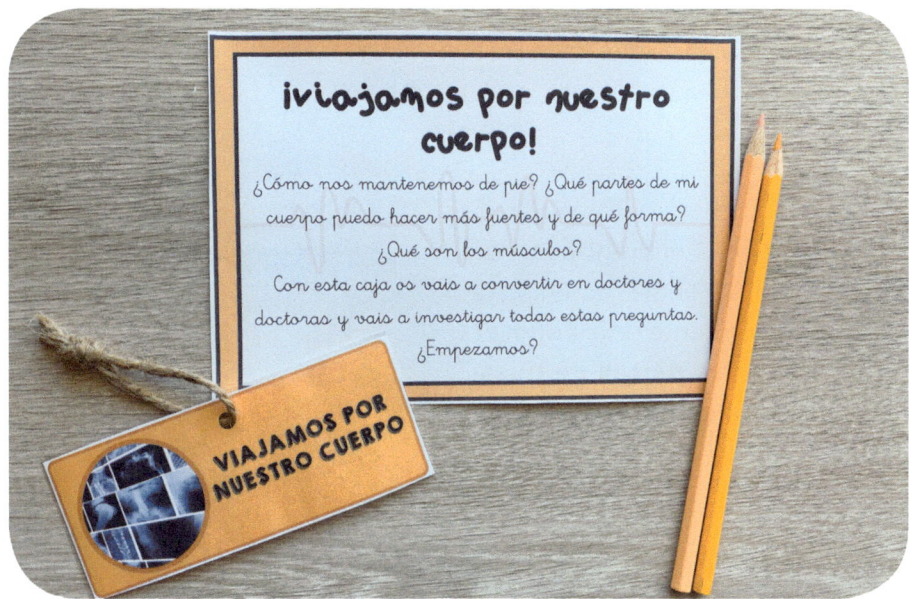

Las instrucciones y los objetivos de aprendizaje

Las instrucciones (cómo lo haremos) y los objetivos de aprendizaje (qué aprenderemos) podemos ponerlos en un sobre cerrado o bien en una carpeta de color. Explicaremos al alumnado que lo primero que tienen que abrir cuando reciben una caja de aprendizaje es el sobre o la carpeta de color. Recuerda que la caja contiene muchos materiales atrayentes para los niños y niñas y fácilmente querrán manipularlos nada más coger la caja.

El reto de la caja de aprendizaje

El reto es el elemento diferenciador de esta propuesta de aprendizaje. En esta caja se trabajará el siguiente reto: **conocer de forma divertida las partes de nuestro cuerpo, nuestro esqueleto y nuestros músculos.**

Las actividades

1. Nosotros por dentro

En esta actividad, los alumnos y alumnas tendrán que elegir a un compañero del grupo y le dibujarán la silueta. Después, tendrán que señalar con etiquetas las partes del cuerpo.

2. El esqueleto

Los niños y niñas observarán las diferentes radiografías a través de la mesa de luz. Después, tendrán que poner las radiografías encima de la silueta del compañero que hayan dibujado.

3. Los músculos

En esta actividad, los alumnos y alumnas utilizarán la mesa de luz para observar los músculos. ¿Cómo son? Seguidamente, pondrán las imágenes de los músculos encima de la silueta que han dibujado. También usarán las letras translúcidas para escribir el nombre de los principales músculos.

4. ¡Nos dibujamos!

Para finalizar la caja de aprendizaje, se dibujarán a ellos mismos con todo lo que han aprendido. Podrán mirarse al espejo para no olvidarse de nada.

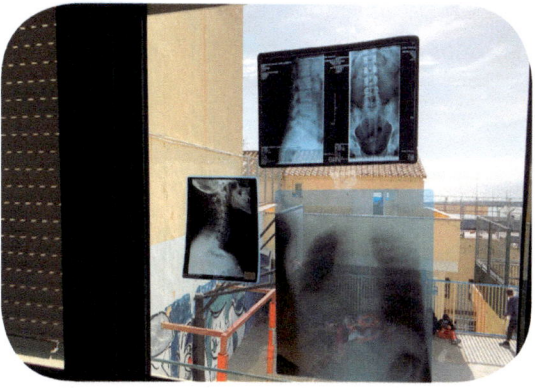

Autoevaluación por parte del alumnado y registro de actividades

Es muy importante que el alumnado vaya cogiendo el hábito de hacer un registro de aquellas actividades que van realizando de la caja de aprendizaje. Por ello, te propongo usar la tabla de registro de actividades.

Cuando finalicen una actividad, la marcarán en la tabla con alguna marca identificativa.

El o la docente tendrá que poner una marca identificativa cuando haya revisado que han realizado y finalizado la actividad. Puedes poner un sello, una estrella, etc. ¡Lo que te apetezca!

Escanea el QR y descárgate todos los materiales y la Guía Didáctica de esta caja.

nuestro
po!

…os de pie? ¿Qué partes de mi
…en más fuertes y de qué forma?
…Qué son los músculos?
…caja os vais a convertir en doctores y
…os y vais a investigar …
…untas.
¡Empezar…

NARIZ

CEJA

OREJA

PIE

81

Caja de Aprendizaje: ¡En acción! · El cómic
(Etapa: Educación Primaria · Ciclo Medio)

Soy la Capitana Marvel y mi
objetivo es salvar al mundo.
Os vais a convertir en
superhéroes y superheroínas y
viviréis dentro de un cómic.

El interior de la caja de aprendizaje

La caja "**¡En acción! · El cómic**" está pensada para realizarla en Educación Primaria (Ciclo Medio). Los niños y las niñas conocerán las principales características de los cómics y crearán su propia historia con personajes ficticios.

Los materiales tienen que quedar bien organizados dentro de la caja. Pondremos todo el material necesario para hacer las actividades. Si ves que hay mucho material, te recomiendo ir cambiándolo en función de lo que los alumnos y alumnas vayan necesitando. También puedes incorporar material complementario que esté relacionado con el contenido.

Las instrucciones y los objetivos de aprendizaje

Las instrucciones (cómo lo haremos) y los objetivos de aprendizaje (qué aprenderemos) podemos ponerlos en un sobre cerrado o bien en una carpeta de color. Explicaremos al alumnado que lo primero que tienen que abrir cuando reciben una caja de aprendizaje es el sobre o la carpeta de color. Recuerda que la caja contiene muchos materiales atrayentes para los niños y niñas y fácilmente querrán manipularlos nada más coger la caja.

El reto de la caja de aprendizaje

El reto es el elemento diferenciador de esta propuesta de aprendizaje. En esta caja se trabajará el siguiente reto: **realizar un pequeño cómic con personajes propios.**

Las actividades

1. El cómic

El cómic es un relato o historia explicado con viñetas. Cada una de estas viñetas tiene dibujos y puede tener un texto breve. Los alumnos y alumnas tendrán que montar los puzles para averiguar qué cómics son. Además, podrán ver varios cómics que habrán dentro de la caja.

2. Los elementos de un cómic

Los niños y niñas aprenderán las partes que tiene un cómic y pondrán cada elemento en los cómics que han montado en la actividad anterior.

3. Crea tu personaje

En esta actividad, los alumnos y alumnas crearán su personaje de ficción. Se podrán convertir en cualquier superhéroe o superheroína. En una ficha tendrán que dibujarse, explicar sus poderes y ponerse un nombre.

4. Creamos un icómic!

En esta actividad realizarán el reto. El alumnado tendrá que pensar algo que haya pasado en el cole y tendrán que solucionarlo con los personajes creados. Diseñarán la historia en formato cómic teniendo en cuenta las partes de este.

Autoevaluación por parte del alumnado y registro de actividades

Es muy importante que el alumnado vaya cogiendo el hábito de hacer un registro de aquellas actividades que van realizando de la caja de aprendizaje. Por ello, te propongo usar la tabla de registro de actividades.

Cuando finalicen una actividad, la marcarán en la tabla con alguna marca identificativa.

El o la docente tendrá que poner una marca identificativa cuando haya revisado que han realizado y finalizado la actividad. Puedes poner un sello, una estrella, etc. ¡Lo que te apetezca!

Escanea el QR y descárgate todos los materiales y la Guía Didáctica de esta caja.

Caja de Aprendizaje: El misterio de Amelia Earhart
(Etapa: Educación Primaria · Ciclo Medio)

> ¡Soy Amelia Earhart y necesito ayudantes para poder superar un reto muy importante! Pero, antes necesitáis conocer mi historia. ¿Estáis preparados y preparadas?

La caja **"El misterio de Amelia Earhart"** está pensada para realizarla en Educación Primaria (Ciclo Medio). Los niños y las niñas aprenderán quién era Amelia Earhart y construirán aviones de papel para aplicar diferentes contenidos matemáticos.

El interior de la caja de aprendizaje

Los materiales tienen que quedar bien organizados dentro de la caja. Pondremos todo el material necesario para hacer las actividades. Si ves que hay mucho material, te recomiendo ir cambiándolo en función de lo que los alumnos y alumnas vayan necesitando. También puedes incorporar material complementario que esté relacionado con el contenido.

Las instrucciones y los objetivos de aprendizaje

Las instrucciones (cómo lo haremos) y los objetivos de aprendizaje (qué aprenderemos) podemos ponerlos en un sobre cerrado o bien en una carpeta de color. Explicaremos al alumnado que lo primero que tienen que abrir cuando reciben una caja de aprendizaje es el sobre o la carpeta de color. Recuerda que la caja contiene muchos materiales atrayentes para los niños y niñas y fácilmente querrán manipularlos nada más coger la caja.

El reto de la caja de aprendizaje

El reto es el elemento diferenciador de esta propuesta de aprendizaje. En esta caja se trabajará el siguiente reto: **crear diferentes aviones con la técnica Aerogami y hacerlos volar.**

Esta caja ha sido creada en mi curso de formación por mi alumna Judith Rigual.

Las actividades

1. Soy Amelia Earhart

En esta actividad, los alumnos y alumnas conocerán la historia de la joven piloto. Rellenarán la ficha de la aviadora y podrán comprobar las respuestas a través de un código QR.

2. Creamos aviones con Aerogami

Los niños y niñas aprenderán en qué consiste la técnica de Aerogami y crearán tres tipos de aviones: 1. Canario, 2. Delta y 3. de Viaje. Se tendrán que fijar muy bien en sus características.

3. Los aviones

En una tabla de doble entrada, escribirán las características más importantes de los aviones: tipo de punta, perímetro de las alas, forma de las alas, longitud del avión (de punta a punta), tipos de triángulos según sus lados que aparecen en la parte superior, tipo de triángulos según sus ángulos que aparecen en la parte superior y, por último, el peso.

4. ¡A volar!

En esta actividad realizarán el reto propuesto. Los alumnos y alumnas harán volar los aviones. Harán cinco lanzamientos por avión y después calcularán la mediana aritmética para saber cuál ha volado más recorrido.

5. Creamos gráficos

Para finalizar, registrarán y plasmarán los resultados de los vuelos de los aviones en un gráfico de barras.

Es muy importante que el alumnado vaya cogiendo el hábito de hacer un registro de aquellas actividades que van realizando de la caja de aprendizaje. Por ello, te propongo usar la tabla de registro de actividades.

Cuando finalicen una actividad, la marcarán en la tabla con alguna marca identificativa.

El o la docente tendrá que poner una marca identificativa cuando haya revisado que han realizado y finalizado la actividad. Puedes poner un sello, una estrella, etc. ¡Lo que te apetezca!

Escanea el QR y descárgate todos los materiales y la Guía Didáctica de esta caja.

PELOCHOS EN EL HUERTO

¡Hola!

Soy un pelocho y en esta caja vais a aprender a crearme. Interesante, ¿verdad? Pero, antes de hacerme, que convertiros en expert... plantas: ¿Qué nec... es su ciclo...

PELOCHOS EN EL HUERTO

MIEMBROS DEL GRUPO:

Caja de Aprendizaje: Pelochos en el huerto
(Etapa: Educación Primaria · Ciclo Medio)

La caja **"Pelochos en el huerto"** está pensada para realizarla en Educación Primaria (Ciclo Medio). Los niños y las niñas aprenderán las características principales de las plantas a través de la creación de un "pelocho".

El interior de la caja de aprendizaje

Los materiales tienen que quedar bien organizados dentro de la caja. Pondremos todo el material necesario para hacer las actividades. Si ves que hay mucho material, te recomiendo ir cambiándolo en función de lo que los alumnos y alumnas vayan necesitando. También puedes incorporar material complementario que esté relacionado con el contenido.

Las instrucciones y los objetivos de aprendizaje

Las instrucciones (cómo lo haremos) y los objetivos de aprendizaje (qué aprenderemos) podemos ponerlos en un sobre cerrado o bien en una carpeta de color. Explicaremos al alumnado que lo primero que tienen que abrir cuando reciben una caja de aprendizaje es el sobre o la carpeta de color. Recuerda que la caja contiene muchos materiales atrayentes para los niños y niñas y fácilmente querrán manipularlos nada más coger la caja.

El reto de la caja de aprendizaje

El reto es el elemento diferenciador de esta propuesta de aprendizaje. En esta caja, se trabajará el siguiente reto: **crear pelochos para el huerto escolar.**

Las actividades

1. Las necesidades de una planta

En esta actividad, los alumnos y alumnas aprenderán lo que necesitan las plantas para poder vivir y realizarán una doble rueda.

2. El ciclo vital de la planta

Los niños y niñas aprenderán en qué consiste el ciclo vital de una planta. Tendrán que buscar información de cada fase y realizar un desplegable muy visual.

3. Las partes de una planta

Las plantas son seres vivos que tienen varias partes y cada una de ellas cumple una función. El alumnado tendrá que buscar la función de cada parte y, seguidamente, realizarán un desplegable muy práctico.

4. Crea tu pelocho

En esta actividad, realizarán el reto propuesto. Los alumnos y alumnas realizarán su propio pelocho siguiendo el paso a paso.

Autoevaluación por parte del alumnado y registro de actividades

Es muy importante que el alumnado vaya cogiendo el hábito de hacer un registro de aquellas actividades que van realizando de la caja de aprendizaje. Por ello, te propongo usar la tabla de registro de actividades.

Cuando finalicen una actividad, la marcarán en la tabla con alguna marca identificativa.

El o la docente tendrá que poner una marca identificativa cuando haya revisado que han realizado y finalizado la actividad. Puedes poner un sello, una estrella, etc. ¡Lo que te apetezca!

Escanea el QR y descárgate todos los materiales y la Guía Didáctica de esta caja.

Viaje fin de Curso

Estáis en el último curso de Primaria y os ha tocado dejar vuestra ciudad atrás para conocer Londres, una ciudad con muchísima personalidad y única, capaz de enamorar a viajeros de todo el mundo con tan sólo un cruce de miradas.

¿Estáis preparados y...
¡Pues coged l...

MONUME...
DE LON...

BOARDING...
FLIGHT   TO
PASSENGER
DATE   TIME
GATE   SEA...
E-TICKET

London Eye

VIAJE FIN DE CURSO

MIEMBROS DEL GRUPO:

Caja de Aprendizaje: Viaje fin de curso
(Etapa: Educación Primaria · Ciclo Superior)

Estáis en el último curso de Primaria y os ha tocado dejar vuestra ciudad atrás para conocer Londres, ¿Estáis preparados y preparadas? ¡Pues, coged las maletas! ¡Buen viaje!

La caja **"Viaje fin de curso"** está pensada para realizarla en Educación Primaria (Ciclo Superior). Los niños y las niñas conocerán las principales características, monumentos y tradiciones de Londres.

El interior de la caja de aprendizaje

Los materiales tienen que quedar bien organizados dentro de la caja. Pondremos todo el material necesario para hacer las actividades. Si ves que hay mucho material, te recomiendo ir cambiándolo en función de lo que los alumnos y alumnas vayan necesitando. También puedes incorporar material complementario que esté relacionado con el contenido.

Las instrucciones y los objetivos de aprendizaje

Las instrucciones (cómo lo haremos) y los objetivos de aprendizaje (qué aprenderemos) podemos ponerlos en un sobre cerrado o bien en una carpeta de color. Explicaremos al alumnado que lo primero que tienen que abrir cuando reciben una caja de aprendizaje es el sobre o la carpeta de color. Recuerda que la caja contiene muchos materiales atrayentes para los niños y niñas y fácilmente querrán manipularlos nada más coger la caja.

El reto de la caja de aprendizaje

El reto es el elemento diferenciador de esta propuesta de aprendizaje. En esta caja, se trabajará el siguiente reto: **conocer la ciudad de Londres.**

Las actividades

1. Comenzamos el viaje

En esta actividad, los alumnos y alumnas aprenderán dónde está ubicada la ciudad de Londres, cuál es su superficie, cuántos habitantes tiene y tendrán que calcular la distancia entre su ciudad y Londres.

2. El billete de avión

El alumnado tendrá que buscar billetes económicos para viajar a Londres en junio (fin de curso). Después, tendrán que rellenar los billetes de forma adecuada y con todos los datos indispensables para viajar.

3. Los edificios más importantes

En esta actividad, conocerán los edificios más emblemáticos de la ciudad. Tendrán que buscar la información y rellenar, con sus palabras, el librito de monumentos de Londres.

4. El Carnaval de Notting Hill

El carnaval de Notting Hill, un barrio al Este de Londres, ocurre una vez al año, el último fin de semana del mes de agosto. Es una de las fiestas más alegres y fiesteras de Londres, que se realiza en la calle durante tres días. Los niños y niñas tendrán que preparar el atrezo para bailar un super baile muy carnavalero.

5. ¡La guía definitiva!

En Londres hay muchísimas cosas típicas e interesantes para disfrutar de la ciudad con toda su magia. Ahora es el momento de hacer el reto y destacar lo más importante de Londres para que el viaje sea muy especial.

Autoevaluación por parte del alumnado y registro de actividades

Es muy importante que el alumnado vaya cogiendo el hábito de hacer un registro de aquellas actividades que van realizando de la caja de aprendizaje. Por ello, te propongo usar la tabla de registro de actividades.

Cuando finalicen una actividad, la marcarán en la tabla con alguna marca identificativa.

El o la docente tendrá que poner una marca identificativa cuando haya revisado que han realizado y finalizado la actividad. Puedes poner un sello, una estrella, etc. ¡Lo que te apetezca!

Escanea el QR y descárgate todos los materiales y la Guia Didáctica de esta caja.

Abadía de Westminster

INSTRUCCIONES:

1. **Leer y realizar** todas las ACTIVIDADES para superar el reto final.

2. **Seguir el orden** de las ACTIVIDADES. No podéis cambiar de actividad hasta que hayáis terminado la anterior). Los MATERIALES los encontraréis en las diferentes CARPET...

3. Una vez terminada una actividad, la tend... marcadas con el número de la actividad... TABLA DE SEGUIMIENTO...

4. Cuando hayáis complet... **completar** LA AU...

5.

Composición con cuadrícula IX

CONOCEMOS A PIET MONDRIAN

MIEMBROS DEL GRUPO:

Caja de Aprendizaje: Conocemos a Piet Mondrian
(Etapa: Educación Primaria · Ciclo Superior)

La caja **"Conocemos a Piet Mondrian"** está pensada para realizarla en Educación Primaria (Ciclo Superior). Los niños y las niñas conocerán al artista Piet Mondrian y sus obras más representativas.

El interior de la caja de aprendizaje

Los materiales tienen que quedar bien organizados dentro de la caja. Pondremos todo el material necesario para hacer las actividades. Si ves que hay mucho material, te recomiendo ir cambiándolo en función de lo que los alumnos y alumnas vayan necesitando. También puedes incorporar material complementario que esté relacionado con el contenido.

Las instrucciones y los objetivos de aprendizaje

Las instrucciones (cómo lo haremos) y los objetivos de aprendizaje (qué aprenderemos) podemos ponerlos en un sobre cerrado o bien en una carpeta de color. Explicaremos al alumnado que lo primero que tienen que abrir cuando reciben una caja de aprendizaje es el sobre o la carpeta de color. Recuerda que la caja contiene muchos materiales atrayentes para los niños y niñas y fácilmente querrán manipularlos nada más coger la caja.

El reto de la caja de aprendizaje

El reto es el elemento diferenciador de esta propuesta de aprendizaje. En esta caja se trabajará el siguiente reto: **reproducir una obra de Piet Mondrian en 3D.**

Las actividades

1. ¿Quién es Piet Mondrian?

En esta actividad, los alumnos y alumnas conocerán al artista: Piet Mondrian y sus obras más importantes y representativas.

2. ¡Somos artistas!

Los niños y niñas reproducirán la obra "Composición en rojo, amarillo y azul" con diferentes materiales. Además, tendrán que calcular el área del cuadrado y del rectángulo aplicando sus respectivas fórmulas de forma correcta.

3. Piet Mondrian en 3D

En esta actividad, realizarán el reto de la caja de aprendizaje. Producirán la obra más característica del artista con volumen.

Autoevaluación por parte del alumnado y registro de actividades

Es muy importante que el alumnado vaya cogiendo el hábito de hacer un registro de aquellas actividades que van realizando de la caja de aprendizaje. Por ello, te propongo usar la tabla de registro de actividades.

Cuando finalicen una actividad, la marcarán en la tabla con alguna marca identificativa.

El o la docente tendrá que poner una marca identificativa cuando haya revisado que han realizado y finalizado la actividad. Puedes poner un sello, una estrella, etc. ¡Lo que te apetezca!

Escanea el QR y descárgate todos los materiales y la Guía Didáctica de esta caja.

TESTIMONIOS REALES

No hay mejor manera de terminar este libro que con los testimonios reales de personas que trabajan con cajas de aprendizaje en sus aulas o que se han formado conmigo en esta metodología. A continuación puedes comparar opiniones de distintas etapas y realidades educativas.

David, IG: @edukndo_conciencia

Mi experiencia con las cajas de experiencia es muy positiva. Las instauramos en segundo ciclo de primaria y funcionaron muy bien. Son propuestas donde el alumnado es capaz de tomar decisiones, fomentando así su autonomía. Además, esta metodología permite realizar un proceso de investigación a partir del trabajo cooperativo en el que todos los miembros tienen un rol importante para conseguir dar una respuesta exitosa al reto que se les ha propuesto. Como docente adoptas el papel de guía y orientador dando protagonismo al alumnado. Ayuda también a fomentar la creatividad y al ser una actividad competencial permite trabajar todas las competencias clave del currículum. Ade-

más, el ritmo de trabajo es algo más relajado y permite evaluar mucho mejor el proceso. Por último, te permite atender mucho mejor a la diversidad. Las recomiendo 100%.

Rosa J.

¡Me encanta esta metodología y a mis niños y niñas más! Me parece muy motivadora y atractiva. Además, podemos darle diferentes usos: introducir nuevos contenidos, repasar algo que ya hayamos trabajado o incluso contenidos que no están estrictamente en el currículo. En mi escuela utilizamos esta metodología en toda primaria. Dos tardes a la semana y es una maravilla. Ves como la autonomía de tu alumnado mejora mucho.

M.A y X.S, IG: @unanovamirada

En el centro donde trabajamos este es el primer año que se utiliza la metodología con cajas de aprendizaje. Aunque somos principiantes con esta propuesta de aprendizaje, consideramos que es una manera de trabajar que aporta beneficios, sobre todo en la autonomía de los niños y las niñas, también regula su aprendizaje y al hacerlas en grupo aprenden de forma cooperativa.

Joana P.

Me he formado con Miriam y he aprendido muchísimo sobre cajas de aprendizaje. Me he animado a llevarlas por primera vez a mi aula y ha sido todo un éxito. Mis niños y niñas estaban muy motivados con la metodología y la presentación de las cajas. Como docente, también he disfrutado muchísimo.

María y Lidia, IG: @magicaeducacion

EEn el momento en que mis alumnos y alumnas vieron las primeras cajas de aprendizaje que llevé al aula ya supe que iban a ser un éxito. Haber puesto en práctica esta nueva forma de aprender en clase ha sido un gran acierto. Gracias a esta metodología los niños y niñas estimulan su autonomía tomando decisiones y desarrollando su creatividad. Además, al ser en equipo, aprenden también a respetar las opiniones del resto de compañeros y compañeras y a unirse para llegar al reto común que les propone cada caja. Por otro lado, las cajas de aprendizaje permiten atender al alumnado de manera más personalizada adaptándose a los diferentes ritmos de aprendizaje. Animamos a todos los/las docentes a poner en práctica esa metodología en las aulas.

Carmen R.

En mi escuela hace muchos años que utilizamos las cajas de aprendizaje. Los alumnos y alumnas están motivados en conseguir los retos y trabajan muy bien como equipo. Tienen roles asignados y se reparten las tareas. Al final del trimestre hacen una valoración de las cajas que más les han gustado. Esto nos sirve para saber cuáles son las que causan más motivación e interés y crear nuevas. La creación de una caja conlleva tiempo, pero es muy gratificante porque una caja te puede durar muchos meses gracias a la rotación de estas por los diferentes grupos.

Marc P.

Una forma diferente de aprender, motivadora, práctica y adaptada a las necesidades de nuestros alumnos y alumnas. Una metodología flexible y activa. Trabajo con cajas de aprendizaje y el éxito en mis clases está asegurado.

Txell N.

Me he formado con Miriam. He aprendido muchísimo, he podido crear mis propias cajas desde cero y llevarlas al aula. Ha sido una maravilla. Cada mes creamos nuevas cajas para introducirlas en el aula y que nuestro alumnado tenga variedad de contenidos. ¡Aprendizajes asegurados!

María, IG: @olademateriales

Al principio no entendía cómo funcionaban las cajas de aprendizaje, fue muchísima información en muy poco tiempo y pensaba que nunca lograría entender lo complejas que son, pero conforme te vas formando, vas viendo que, si cuidas cada detalle y sigues la metodología, es muy gratificante observar los resultados. En mi caso, he utilizado las cajas de aprendizaje tanto en niños y niñas como en formación de personas adultas y te das cuenta de la importancia que tiene el trabajo cooperativo, donde todos necesitan de todos para poder seguir. Al fin y al cabo, de eso trata la vida, de ayudarnos unos a otros para seguir progresando. Me encanta trabajar con cajas de aprendizaje ya que, a partir de los centros de interés del alumnado y de las situaciones de aprendizaje se pueden crear cosas maravillosas, pero no todo acaba ahí, el ver que, de una forma u otra, estás aportando tu granito de arena para que el alumnado con NEAE se sienta cómodo y disfrutando de lo que hace, no tiene precio.

Raquel H.

No conocía la metodología sobre cajas de aprendizaje y me parece un acierto. Lo que más me gusta es que dan una respuesta real a la diversidad de nuestra aula. Además, con muy pocos recursos, puedes crear una caja muy motivadora y atractiva. Gracias a Miriam pude adquirir las nociones básicas para poderlas usar. A día de hoy, son mis alumnos y alumnas quienes crean sus propias cajas. Son de ciclo superior.

¡FÓRMATE EN CAJAS DE APRENDIZAJE!

La formación continua es esencial para garantizar que los docentes estén equipados con las habilidades, conocimientos y competencias necesarias para proporcionar una educación de calidad y responder de manera efectiva a las necesidades cambiantes de los alumnos y del sistema educativo en general. Por este motivo te recomiendo ampliar los conocimientos sobre la metodología de cajas de aprendizaje con el curso de formación. Un curso online que lo podrás hacer a tu ritmo. Dispondrás de tutorización individualizada y personalizada vía email para crear tu primera caja de aprendizaje. Además, tendrás acceso para siempre a todo el contenido y material del curso. La formación se imparte en castellano con material de descarga en catalán/castellano.

En él te enseño todo lo que debes saber para crear una caja desde cero de una manera muy didáctica a través de vídeos y materiales. Podrás descargar cajas de aprendizaje ya hechas para que puedas introducirlas en tu aula. Además, tendrás acceso a un grupo exclusivo de la formación donde voy compartiendo cajas de aprendizaje. **El curso de formación y el libro son complementarios y no son sustituibles.**

¡Escanea el QR y tendrás acceso a toda la información sobre el curso de formación!

AGRADECIMIENTOS

GRACIAS INFINITAS

A mis niños y niñas (que ya no son tan niños y niñas) del centro abierto del Raval (Barcelona), por ser parte de mi esencia y dar vida a lo que hoy en día se conoce como mi proyecto educativo: ABECEART. A todos los que algún día habéis sido y sois mis alumnos y mis alumnas por ayudarme a crecer tanto a nivel personal como profesional. Sois el motor de mi motivación y de mi creatividad. Y a las familias, parte fundamental, por apoyarme, respetar y confiar en todas mis decisiones. Un agradecimiento especial a la familia de A. por ser más que un apoyo incondicional.

A mis alumnos y alumnas más mayores, los y las que habéis cursado mis cursos de formación y habéis confiado en mí. Gracias por vuestros aprendizajes.

A Cristina, por ser apoyo, por estar a mi lado y por ser mi amiga. Solo me queda darte las gracias y espero que sepas que siempre que lo necesites estaré ahí.

A Miriam por tu optimismo y amabilidad. Por hacer que los momentos insoportables sean un poco mejor. Gracias por apoyar y confiar en todos mis proyectos. No tengo miedo a caer porque tengo la seguridad de que tú siempre me ayudarás a ponerme de pie.

A Shils por ser mi compañera y amiga de batallas desde la universidad. Darte las gracias nunca sería suficiente, pero confío en que bastará con un simple: "te admiro".

A Yvette, amiga, por aceptar escribir el prólogo sin pensártelo dos veces. "Sempre a la contra i avant!".

A mi familia, por su amor completo y por aceptarme como soy. A mis preciosas sobrinas, Alanna e Isis, nuestras alegrías.

A Roser, por empoderarme, por inspirarme y por guiarme hacia la mejor versión de mí.

A los testimonios reales, que de forma desinteresada, me habéis enviado vuestra opinión sobre la metodología de Cajas de Aprendizaje. Gracias por compartir vuestra visión y ver la educación como el camino para cambiar el mundo.

A todas las personitas que estáis detrás de la pantalla, dando un me gusta, escribiendo un comentario o enviándome un mensaje privado. Por cada palabra bonita y muestras de cariño hacia mi trabajo y hacia mi persona. Sin vosotros y vosotras nada de esto tendría sentido. Gracias, gracias y gracias.

Por mí, por superarme, valorarme y quererme más a mí misma.

BIBLIOGRAFÍA

◊ **Acaso, M., & Megías, C. (2017).** *Art Thinking: Cómo el arte puede transformar la educación.* Ediciones Paidós.

◊ **Couso, M. (2023).** *Cerebro, infancia y juego.* Ediciones Destino.

◊ **Molina, D. (2022).** *Programa NeuroEduca: Entrenamiento de las Funciones Ejecutivas en Educación Infantil.* Editorial Letra Minúscula.

◊ **Mora, F. (2017).** *Neuroeducación (1.a ed.).* Alianza Editorial.

◊ **Robinson, K. (2019).** *Escuelas Creativas / Creative Schools: The Grassroots Revolution That's Transforming Education: La Revolución Que Está Transformando La Educación.* Debolsillo.

◊ **Romera, M. (2023).** *La escuela que quiero.* Destino.

◊ **Ruiz, H. (2021).** *¿Cómo aprendemos? Una aproximación científica al aprendizaje y la enseñanza.* Graó.

◊ **Sanmartí, N. (2019).** *Avaluar i aprendre: un únic procés.* Octaedro Catalán.

◊ **Tenza, P. D. J. (2018).** *Aprendizaje Cooperativo: Guía de aplicación en el aula (Hacia una nueva escuela) (Spanish Edition).* Independently published.

◊ **Usán. P. (2020).** *Metodologías activas en el aula: Innovación educativa para el fomento del aprendizaje significativo del alumnado.* Pregunta.

GLOSARIO

◊ **Adaptación Curricular:** hace referencia a todos aquellos ajustes o modificaciones que deben realizarse en la propuesta educativa de un determinado alumno con el objetivo de poder responder a sus necesidades específicas de aprendizaje.

◊ **Aprendizaje significativo:** aquel que permite que el niño construya su propio aprendizaje y le dote de significado. Es un aprendizaje que se mantiene y no se olvida.

◊ **Autoevaluación:** método según el cual una persona se evalúa a sí misma en el cumplimiento de una determinada tarea o actividad. Permite identificar los fallos en el propio desempeño.

◊ **Coevaluación:** es una actividad educacional que se da en la fase de evaluación donde los y las estudiantes juzgan el desempeño de sus compañeros y compañeras de igual a igual. Tiene efectos positivos en los procesos de autorregulación y motivación del alumnado.

◊ **Currículo:** plan de estudios o proyecto educativo en donde se concretan las concepciones ideológicas, socio-antropológicas, epistemológicas, pedagógicas y psicológicas que determinan los objetivos de la educación escolar.

◊ **Competencial:** las actividades competenciales son aquellas que consiguen que el alumnado sea capaz de trasladar sus conocimientos a su realidad, es decir, consiste en aprender de una manera práctica los conocimientos teóricos de las distintas áreas.

◊ **Documentación pedagógica:** conjunto de materiales que se producen a raíz de las observaciones a los alumnos y alumnas. Se trata de una forma de investigación que puede realizarse a través de fotos, diarios de clase, grabación de actividades...

◊ **Inclusión:** integrar a todos los alumnos y alumnas en el aula de manera que puedan participar y beneficiarse de todas las experiencias de enseñanza-aprendizaje.

◊ **Metodología:** conjunto de técnicas, métodos y estrategias que, implementadas sistemáticamente, contribuyen a optimizar la adquisición de nuevos conocimientos y habilidades.

◊ **NESE:** necesidades específicas de soporte educativo.

◊ **NEAE:** necesidades específicas de apoyo educativo.

◊ **Rúbrica:** conjunto de criterios y normas regidos por el docente, generalmente relacionado con la evaluación de los aprendizajes.

◊ **Segregación:** entendemos por segregación educativa todos aquellas situaciones que excluyen o discriminan a determinados alumnos y alumnas a causa de sus necesidades específicas.

◊ **Trabajo cooperativo:** conjunto de procedimientos que se llevan a cabo en el aula y que consisten en agrupar la clase en pequeños grupos mixtos o heterogeneos para que puedan trabajar de manera conjunta y coordinada.

◊ **Transversal:** la transversalidad educativa permite promover la vinculación entre la escuela y la sociedad; de este modo, su objetivo es enfocar la experiencia escolar como una oportunidad para que los aprendizajes integren sus dimensiones cognitivas y formativas.